GUIDE DU VOYAGEUR

A

BALLON

ET

SAINT-MARS-SOUS-BALLON

Par un Ballonnais

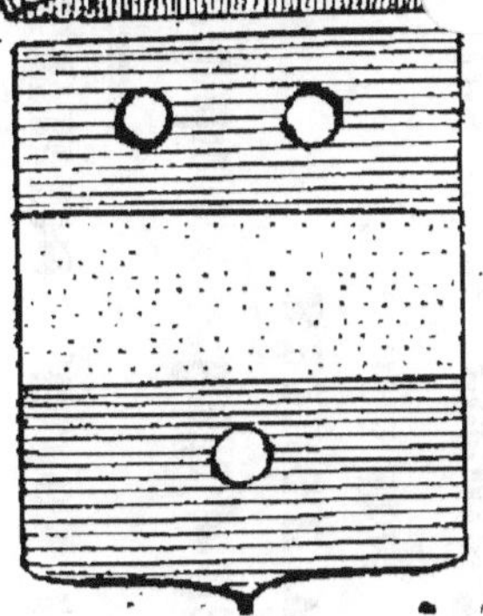

LE MANS	BALLON
ie Cl. ROULIER	Chez M. G. RICHARD
de la Barillerie.	Place du Marché.

1898

CHATEAU DE BALLON

Donjon. — Mur d'enceinte. — Vieille porte.

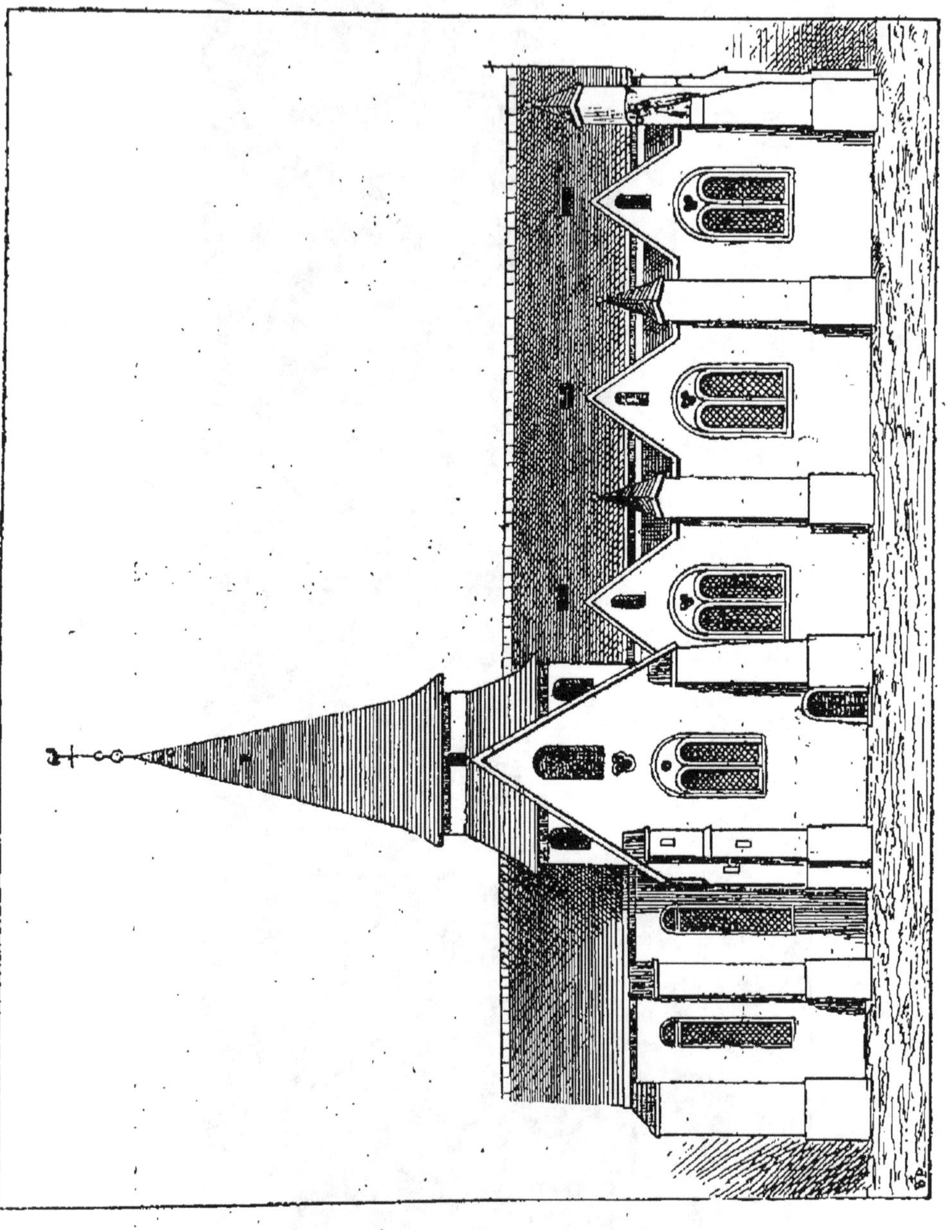

Église de Saint-Mars.

GUIDE DU VOYAGEUR

À

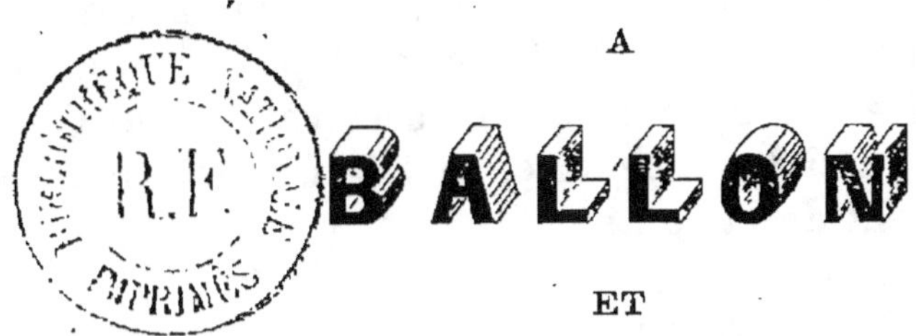

BALLON

ET

SAINT - MARS - SOUS - BALLON

Situation et Aspect général.

BALLON, à 20 kil. N. du Mans, sur la rive gauche de l'Orne-Saonnoise, est une des villes les plus curieuses du Maine. Située sur une éminence considérable, on l'aperçoit de tous les pays environnants. Les habitations jouissent d'un panorama comparable aux plus beaux points de vue de France.

Rien de plus riant que le paysage : de belles prairies, au milieu desquelles serpente une délicieuse rivière divisée en nombreux canaux, déroulent au pied de la montagne, autour de la *Rue-d'Orne*, un splendide tapis de verdure. Au loin s'étendent les campagnes du Saonnois, les plus riches de la région, au milieu desquelles émergent 30 clochers. Au fond d'un immense horizon se détachent, au Nord, les hauteurs de Perseigne et les collines de Normandie dominées par la butte de Chaumont ; au Midi la Cathédrale du Mans ; à l'Ouest, la forêt et les moulins à vent de Sillé-le-Guillaume.

La ville elle-même s'allonge sur la crête d'une sorte de promontoire abrupt se terminant brusquement au vieux château qui domine toute la contrée. Elle se compose d'une rue principale, longue d'un kilomètre, vers laquelle convergent une dizaine de rues secondaires.

Le bourg de St-Mars, autrefois réuni à Ballon, touche presque la ville, vers le S.-E. Il ne jouit pas d'un panorama aussi étendu, mais les gracieuses vallées qui l'entourent ont aussi leur charme, et l'église est le plus beau monument de la contrée.

Historique.

BALLON (*Ballado, Balaum castrum, Balonium Balaionno, Balaon, Baloon, Balon*) remonte à la plus haute antiquité. Des écrivains un peu hardis font partir de là, 150 ans avant J.-C., les colons manceaux qui fondèrent Mantoue en Italie ; par suite, d'après eux, Virgile serait un Ballonnais. C'est une prétention qui ne peut faire de mal à personne.

Toujours est-il qu'au 1er siècle le *Défensor* du Mans donna Ballon à St Julien qui y prêcha et y consacra une église. St Domnole (560--588) y rencontra un nommé Magnatius, devenu aveugle pour avoir violé le Dimanche. Il le guérit en lui recommandant, à lui et aux Ballonnais, d'éviter cette faute à l'avenir.

Ballon était le chef-lieu d'un *pagellum* comprenant une dizaine de localités ; plusieurs ont gardé la mention de *sous-Ballon* indiquant leur dépendance.

Sous les Mérovingiens, les Evêques y frappaient, dit-on, des monnaies. On en aurait retrouvé plusieurs spécimens. Ballon étant tombé en des mains laïques, Charlemagne et Louis le Débonnaire le rendirent à l'Evêque.

Plus tard, Normands, Manceaux, Angevins, puis, pendant 400 ans, les rois de France et d'Angleterre se disputèrent cette forteresse célèbre. En 1028, elle était à

Robert, duc de Normandie ; en 1031, tombée au pouvoir d'Herbert Eveille-Chien, comte du Maine, elle devenait la prison de Robert, qui y fut massacré par les fils de Gautier de Sourdon, sa victime. En 1088, Ballon ne put tenir contre le fils de Guillaume le Conquérant. Robert le Diable en reçut le commandement.

En 1199, Philippe-Auguste rasa la forteresse qui se releva ensuite. Les Anglais s'en emparèrent en 1417, et elle fut encore rasée. Ils abandonnèrent la position en 1484.

Le château actuel est donc le troisième et date du XVe siècle.

En 1764, un M. Vayer voulut le rebâtir à la moderne; mais, comme on sapait la grosse tour du portail, l'architecte remarqua qu'elle menaçait ruine. Au même instant la Messe sonna. Il engagea ses ouvriers à y assister pour conjurer le danger. Pendant le Saint Sacrifice la tour s'écroula avec fracas, et l'on renonça au projet.

Pendant les guerres de la Ligue, Ballon envoya ses clefs à Henri IV, en 1598. Les Ballonnais aiment à croire que le bon roi vint chez eux à cette occasion. La Fronde porta ses ravages jusqu'aux portes de la ville.

Le 29 août 1705, par l'imprudence de certains chaudronniers installés près de la *Croix-Verte*, un immense incendie dévora 50 maisons. Ballon étant, comme toujours, très mal approvisionné d'eau, toute la ville aurait dû être consumée. Mais les contemporains rapportent que les flammes s'arrêtèrent miraculeusement, vers le Nord aux Halles et à l'Eglise, vers le Sud à la rue d'*Un-et-Un*, lorsque le Saint Sacrement fut apporté sur le lieu du sinistre par les curés de St-Georges et de St-Mars. Trois personnes furent brûlées et les pertes, estimées 4 ou 500.000 livres, ruinèrent soixante familles.

C'est à Ballon que fut commis le premier massacre de la Révolution en province, presque au moment de la prise de la Bastille, le 23 juillet 1789 (V. p. 18). L'enthousiasme démagogique fit brûler sur la place, le 24 octobre 1792, tous les titres rappelant le ci-devant régime. De là, la rareté des documents sur l'histoire locale.

En 1794, Mme de Sourches, voulant occuper les ouvriers (1) fit démolir en partie deux des tours et baisser d'un tiers le mur d'enceinte. Les fossés furent en partie comblés.

Cette même année, les Ballonnais partirent en volontaires contre les Vendéens après la défaite du Mans et firent jusqu'à Saint-Denis-d'Orques une campagne déplorable.

En 1870, leur attitude fut plus glorieuse. Une compagnie de francs-tireurs fut organisée et les gardes-nationaux eux-mêmes partirent en guerre à l'approche de l'ennemi. (V. p. 16).

Les Prussiens entrèrent à Ballon le 14 janvier 1871. Ils y séjournèrent jusqu'au mois de Mars.

Ballon et St-Mars ne formaient, avant le 26 avril 1835, qu'une seule commune comprenant deux paroisses. La paroisse *St-Georges* (500 hab.) renfermée dans l'ancienne ville murée, était limitée, au Midi, par la *Tête-Noire* et, au Nord, par le *Plat-d'Etain*, au haut du vieux tertre. *St-Mars* ou *St-Médard* avait tout le reste du territoire. Vers le Nord, au delà de la rivière, il y avait une troisième paroisse, *St-Ouen-des-Ponts-de-l'Orne* ou *Sous-Ballon*, réunie à Ballon depuis 1810. (V. p. 25).

La population totale, en 1825, était de 4141 hab. dont 2425 pour Ballon (1208 en ville). Aujourd'hui elle est de 1578 à Ballon (St-Ouen compris) et 1124 à St-Mars.

Ballon a vu naître le général comte de Coutard, lieutenant-général, gouverneur de Paris sous Charles X, député en 1827, bienfaiteur de l'Hospice, de la Ville et

---

(1) Mme la Ctesse de Sourches, née Louise Le Vayer, dame de Ballon et de la Davière, avait comblé de bienfaits sa patrie d'adoption, ce qui ne l'empêcha point d'être plusieurs fois menacée de mort. Elle avait notamment fondé une rosière en 1783. Cette fondation a sombré, comme les autres, dans la Révolution.

de l'Eglise; M. Huard, curé de la Couture, beau-frère du précédent, bienfaiteur de l'hospice; l'abbé Aubry

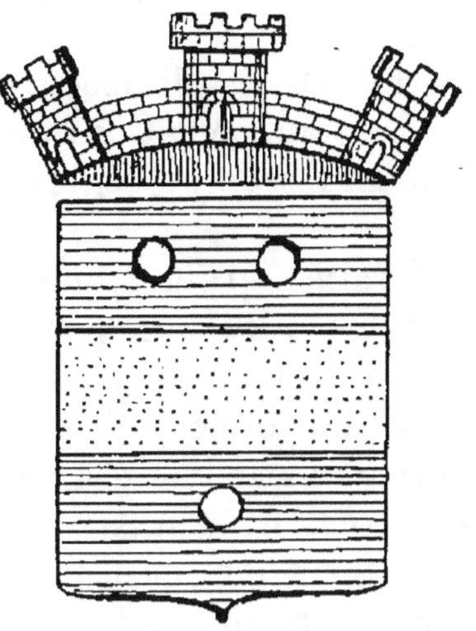

D'azur, à fasce d'or et à 3 besans d'argent placés 2 en chef et 1 en pointe.

chanoine, historien de Ballon; Villeteau, musicien distingué; Pierre-Christophe Yvon, médecin célèbre; M. Guiet, auteur d'ouvrages estimés de statistique, etc.

St-Mars a donné le jour à l'abbé Valiquet, qui a fondé et organisé les écoles dans le pays. (V. p. 28).

Industrie et Commerce.

La culture est la principale richesse de Ballon et surtout de St-Mars et de St-Ouen.

Les terrains, extrêmement fertiles, se vendent jusqu'à 4 et 5,000 fr. l'hectare.

On cultive les céréales, les trèfles et autres prairies artificielles, les pommes de terre et les haricots. La culture du chanvre, naguère très prospère, ne se soutient plus que grâce aux primes de l'Etat. Beaucoup d'arbres à fruits. Les vignes, qui disparaissent peu à peu, produisent un petit vin blanc, presque tout consommé sur place, sous le nom de *bernaché*. Les prairies naturelles sur l'Orne favorisent l'élevage des chevaux, des taureaux et des génisses.

En général, la propriété est divisée, mais il y a quelques grandes fermes, notamment Courdoulain et Champrond, les plus importantes de la région, avec Montigny (en Montbizot).

Exportation : Grains, graines, chanvre, fruits et cidre, chevaux et bêtes à cornes, porcs, oies, œufs et volailles, beurre estimé, etc.

L'ancien commerce de toiles a disparu.

Marché le mercredi matin. — *Foires* officielles, mais non suivies, le mercredi de *Quasimodo* et le dernier lundi de septembre; forts marchés, le mardi gras et le mercredi des cendres; lendemain d'assemblée avec fort marché le lundi de *la St Laurent*.

La campagne fréquente en outre les marchés du Mans, de Bonnétable et surtout de Beaumont. — *Comice agricole* du Canton, le plus beau de la Sarthe, en septembre. — *Assemblées :* au Champ-de-Foire le dimanche e plus près de *la St-Laurent*, (10 août). — *à St-Mars*, le 4ᵉ Dimanche après Pâques, — à la *Rue-d'Orne*, le lundi de Pâques.

Renseignements pratiques.

On se rend à Ballon soit par la route du Mans à Mamers (20 kil. du Mans, 24 de Mamers), soit par le Chemin de fer du Mans à Alençon. On descend à Montbizot (5 kil.), Teillé (4 kil.) ou Maresché (5 kil. 1/2). De la station de Montbizot, un tramway à vapeur amène au bas de Ballon à 1 k. de l'Église. Trajet en 15 minutes.

Départ de la gare, le matin à 6 h. 56, 10 h. 6 et (le mercredi) 7 h. 55; le soir à 4 h. 30 ; de Ballon, le matin à 7 h. 15, 10 h. 24 et (le mercredi) 8 h. 20; le soir à 4 h. 50. — Prix des places : 1ʳᵉ cl. 0 fr. 35; 2ᵉ cl. 0 fr. 20. — Arrêt facultatif à Courvarin.

On fera bien de se munir d'une longue-vue ; les ama-
teurs photographes ou dessinateurs trouveront à exer-
cer leur art.

HÔTELS, à Ballon : *La Tête-Noire*, place du Marché
(Table d'hôte 2 fr. 50). — Les *Trois-Marchands*, place
des Halles (Table d'hôte 2 fr. 25). — La *Boule-d'Or*,
place Coutard ou Champ-de-Foire (Table d'hôte 2 fr.).

Il y a, en outre, plusieurs Cafés-restaurants, tant à
Ballon qu'à St-Mars, à la Rue-d'Orne et à la gare de
Montbizot. — Buvette à la station du Tramway.

OMNIBUS ET VOITURES : Les hôtels envoient, sur demande, des voitures aux gares. — TARIF : *La Tête-Noire*,
Omnibus 3 fr.; Voiture 2 fr. ; au Tramway 1 fr. —
Boule-d'Or, voiture 2 fr. pour Montbizot, Teillé, Maresché ou distance équivalente ; au Tramway 1 fr. (gratis pour les clients).

POSTE ET TÉLÉGRAPHE, rue St-Laurent. Bureau
ouvert de 7 h. (8 h. en hiver) à midi et de 2 h. à 7 h.
(le Dimanche de 7 ou 8 h. à 10 h., et de midi à 3 h.) —
Levées 8 h. 45 du matin et 8 h. 45 du soir (à la boîte des
Halles, 1/4 d'h. plus tôt) — *Distributions* à 6 h. (7 h. en
hiver) et 2 h. 1/2. (La 2° n'a pas lieu le Dimanche).

MESSAGER (de Ballon au Mans) : Aug. Cartier ; lundi
et Vendredi, descend au Mans à l'hôtel de la Biche, d'où
il repart à 4 h. du soir.

Il y a à Ballon, Hospice (V. p. 16), Bureau de Charité,
Justice de paix (un Juge, un Greffier et un Huissier),
trois écoles, dont une libre de filles, deux salles d'asile,
dont une libre, Curé et Vicaire, Maire et Adjoint,
Notaire, Bureau d'Enregistrement, Percepteur, Médecin,
Vétérinaire, Pharmacien, Expert, Gendarmerie, Garde-
champêtre. À St-Mars, deux écoles, Curé et Vicaire,
Maire et Adjoint.

OFFICES DE L'EGLISE. — *A St-Georges et à St-Mars*,
Le Dimanche une Messe basse avec prône se célèbre à
6 h. (7 h. en hiver, 6 h. 1/2 en Mars, Avril et Octobre);
Grand'Messe à 10 h.; Vêpres à 3 h. — En semaine,

Messes à 6 h. 1/2 et 7 h. — Les mariages, baptêmes, confessions, sépultures, et services ont lieu à des heures variables. — Pendant le Carême, l'Avent, le mois de Mai, et aux fêtes de dévotion, office à la chute du jour.

Visite de Ballon.

Trois ou quatre heures ne sont pas de trop pour visiter Ballon et St-Mars. Une journée suffit à peine si l'on fait les excursions indiquées p. 29.

Arrivée.

La route du Mans à Ballon est belle et variée. On traverse Coulaines, La Trugale, laissant à gauche le château de Chapeau et Joué-l'Abbé.

A Souligné, bourg très coquet, visiter le Calvaire (peintures de Chadaigne), l'église et le château de la *Freslonnière*. Après avoir traversé le hameau du *Jeveau* où l'on a découvert (1891) une carrière de pierres contenant des ossements et des bracelets d'une époque inconnue, et celui de *Haut-et-Clair*, — d'où on a, le matin, un effet de lumière ravissant sur St-Marceau, tombeau de St-Julien, — on arrive à Ballon par le faubourg *St-Laurent* (V. ci-dessous).

La route de Mamers à Ballon traverse un très riche pays. On traverse Montrenault, Courgains et Dangeul, laissant Marolles et Congé à gauche, pour joindre la route n° 48 de Beaumont un peu avant l'arrivée par la *Rue-d'Orne*, qui est très imposante (V. p. 24).

De Bonnétable, on passe par Courcemont, laissant Beaufay, Torcé et Courcebœufs à gauche, et l'on arrive par St-Mars (V. p. 26).

De la gare de Montbizot à Ballon, le Tramway suit le chemin vicinal, traverse, à 1 kil. 1/2, l'Orne Saonnoise. Là il entre sur Ballon, passe devant *Les Ardents*, à droite, et le moulin de *Courvarin*, à gauche (arrêt facultatif), arrive bientôt à l'*Ouche*; à droite, laisse *Poissac*; à gauche, quitte la route avant *Champrond*, la traverse au *Hameau* (1) et arrive à la station terminus. Là, aucun abri si ce n'est une buvette cachée dans un bosquet.

En quittant le tramway, montez le chemin vicinal (2) jusqu'au carrefour *St-Laurent* devant le *Café comme tu voudras*, bâti avec les pierres d'une ancienne voûte souterraine, découverte en cet endroit. La route, en face, va à St-Mars; celle de gauche (route départementale n° 54, du Mans à Mamers) conduit en ville.

A droite, à 25 m., la maison nouvellement réparée est l'ancienne *Maladrerie* au coin de laquelle se voyait jadis la statue de Mme de Lausac (V. p. 17). Là, s'élevait l'antique *chapelle St-Laurent*, détruite vers 1700.

Rues et Places.

En se dirigeant vers la ville, par la *rue St-Laurent*, on arrive bientôt à la Poste, puis au *Champ-de-Foire* ou *Champ-Coutard*. Cette grande place qui a été donnée par le général Coutard, est une belle promenade avec des terrasses qu'a endommagées la *Maison d'école* des garçons construite au fond en 1880. C'est un cadre des mieux appropriés pour les Comices, les Courses, les Jeux publics, le Carnaval, etc. La procession de la Fête-Dieu s'y déploie avec une pompe et des décorations uniques dans le Diocèse. Là, se tient *la St-Laurent*, foire célèbre de ce faubourg, où l'on venait autrefois de toute la région s'approvisionner de souliers renommés.

____

(1) Le *Hameau*, monastère fondé au XIIe siècle, dévasté par les Anglais et, plus tard, par les Huguenots, n'était plus qu'une seigneurie quand il fut vendu en 1791. On y remarque encore de très vieux bâtiments, des fenêtres en croix et des voûtes de caves parsemées de signes héraldiques.

(2) On pourrait monter plus directement par un petit sentier pittoresque que seuls pratiquent les habitants. — Le chemin creux, très ombragé à droite, monte à *Haut-et-Clair*, sur la route du Mans (V. ci-dessus). C'est de 200 mètres plus long.

C'était à croire que tous les Ballonnais étaient des cordonniers, tandis que ces souliers provenaient presque tous d'ailleurs, notamment de Bonnétable.

En face de la place, à gauche, était avant 1849 le *Cimetière St-Georges*, au milieu duquel s'élevait la chapelle de *N.-D. de Piété*, aujourd'hui propriété particulière.

La rue, vers la vieille ville, prend le nom *du Château-Nochet*. Elle se rétrécit, devient pavée, et l'on arrive à la *place du Marché* ou *de la Tête-Noire*, considérablement agrandie depuis 1880, par la démolition de l'hôtel de *Mauconseil* (où les Protestants tenaient leurs *mauvais conseils*) où du *Grand-Paris*. Là, se tient le marché, le mercredi. Avant 1884, il se tenait dans la rue même.

A droite, près d'une grange antique, servant de remise à l'hôtel, s'ouvre la rue du *Marchis*, conduisant vers St-Mars (V. p. 26). A l'extrémité ouest, promenade, belle vue; au-dessous, sur le chemin, se voit la *Cave aux Huguenots :* là, en effet, se trouvait le cimetière des Calvinistes, nombreux à Ballon au XVI⁰ siècle.

A l'angle N.-O. de la place s'ouvre la rue des *Galardons* ou les *Grands-Derrières* de l'Hôpital, *tour de ronde extérieur* de l'ancienne ville, aboutissant au Vieux-Tertre.

A l'angle du café Félix était naguère une belle statue de St Jean, pieusement entretenue par le propriétaire (M. Hardouin). La St Jean était l'occasion de rondes joyeuses qui égayaient ce carrefour.

A l'angle de la Tête-Noire était le *Porche* ou porte de ville, surmontée d'un étage, qui était encore une salle de danse en 1840. Un peu plus loin s'ouvre, à droite et à gauche, le *tour de ronde intérieur* ou les *Petits-Derrières*. A gauche, *rue de l'Hôpital* (V. p. 16). — A droite, dans la rue *Neaufle*, on voit l'*Hôtel des Murs*, où naquit Coutard; à droite du portail s'élevait la *chapelle St-François*, jusqu'en 1775. Dans cette paisible retraite méditent aujourd'hui les gendarmes, loin du bruit et des voleurs.

Poursuivons la *Grand'Rue*. Vers le milieu, à gauche, débouche la *ruelle d'Un-et-Un* (où l'on va un et un) (V. p. 5). — Derrière la *Croix-Verte* ou *Café Montreuil*, était l'ancienne *Maison-Dieu*, dont la chapelle s'ouvrait au lieu et place de la devanture Gripray. — A droite, en face, est l'ancienne *Providence*, école fondée par M. Chaloux (1840), et M. le chan. Aubry, aidés de quelques bienfaiteurs, laïcisée en 1896, et rétablie ailleurs (V. p. 16).

Enfin, on arrive bientôt à la *Place des Halles*, peu spacieuse, mais assez belle. A droite, *la Halle*, insignifiante, n'abrite plus aucune transaction, le commerce de grains, depuis 1870, se faisant au Café, par échantillons. Avant 1865, le petit beffroi portait une antique horloge munie d'une gracieuse sonnerie. La nouvelle horloge, de Gourdin, cachée derrière la halle, se voit à peine au coin du clocher. L'ancienne Halle, très spacieuse, couvrait une partie de la place. Elle fut démolie pour ouvrir le nouveau Tertre, vers 1840.

Église, Mairie, Presbytère.

L'Église, dès sa grande façade, révèle le mauvais goût de 1830. Construite sur les ruines de l'ancienne église St-Georges, dont on a conservé le chœur et la chapelle Sud, c'est un grand vaisseau froid, élevé outre mesure. Cependant les paroissiens aiment leur église; elle a le mérite d'être commode et bien éclairée; par sa consécration (14 août 1833), c'est toujours la Maison de Dieu, qui leur rappelle les plus chers souvenirs.

Le Maître-Autel, en pierre de Ballon, œuvre d'un ouvrier du pays, est celui qui, vers 1770, a remplacé l'ancien adossé à un mur droit au fond du chœur. Les stalles ont été par suite, à la même époque, disposées comme elles le sont encore.

Le mur méridional, bâti moitié hors des fondements, a

nécessité des chaînages posés à deux époques et qui défigurent l'intérieur.

Le principal bienfaiteur fut, avec M. Vayer, alors curé de Ballon, mort archiprêtre de Mamers, et l'abbé Boutigny, né à Ballon, le général Coutard secondé par Henri V ; c'est pourquoi la première pierre fut bénite le 15 juillet 1830 (1), fête de St Henri, auquel est dédiée la chapelle Nord. L'autel en carton-pierre, posé en 1836 par la Ctesse de Maupou, est remplacé par un nouveau en pierre sculptée.

C'est dans cette chapelle qu'on honore *St Léon le Fort*. On y vient en pèlerinage de toute la région, principalement pour les maladies des enfants. On demande dans ce but des Messes, des Neuvaines, et la foi des pèlerins est récompensée.

Les tableaux qui ornent les murs ont du mérite. On remarque : 1° St Henri, dans la chapelle Nord, une des plus belles peintures de Coutan ; 2° La Vierge, également de Coutan, mais exécutée par ses élèves ; 3° Ste Elisabeth, de Mignard ; 4° Un personnage inconnu, de Lebrun ? 5° Intérieur de l'église St-François à Rome, par Clérian, tableau d'un grand prix ; 6° Un grand Christ en Croix, d'Achille d'Avéria, destiné à la cathédrale d'Arras, mais obtenu pour Ballon, par M. Paillard-Ducléré père, alors député. — Le *Chemin de Croix* date de 1846.

Le chœur XVIe siècle est décoré de deux grisailles et d'un vitrail représentant St Georges et St Louis portant la couronne d'épines, et de deux tableaux.

Le Trésor est pauvre. L'objet le plus précieux est une portion de la Vraie Croix obtenue de l'Archevêché de Paris par l'abbé Aubry, à l'époque de son ordination, en 1836.

La *chapelle de la Ste Vierge* remonte au XVe siècle.

(1) Pendant que le commandant de la division militaire de Paris était à Ballon pour cette cérémonie, la révolution de Juillet triomphait, profitant de son absence. Coutard ne put rejoindre Charles X qu'à Rambouillet, sur le chemin de l'exil. Il y brisa son épée.

Une messe du Rosaire, à dire chaque samedi, y fut fondée le 13 Janvier 1644. C'est, depuis 1844, le siège d'une Confrérie de N.-D. des Victoires. La belle statue qui la décorait fut brisée en 1893. L'autel actuel, dessiné par Tournesac et exécuté par Lusson, a été payé, par une loterie, en 1845. La statue d'alors est remplacée par une N.-D. de Lourdes.

Mais la statue la plus vénérée est renfermée dans l'armoire, sous la fenêtre. Souvent on voit des pèlerins s'agenouiller dans ce coin et ouvrir discrètement la porte qui cache la vieille Madone. C'est *N.-D. des Champs*, qui depuis des siècles était l'objet d'un pèlerinage très fréquenté dans la chapelle des Essards, en St-Mars (V. p. 29). A la Révolution, cette statue vénérable, sculptée au xve ou xvie siècle, fut achetée 10 livres en papier par Médard Cabaret qui, depuis, l'a donnée à l'église de Ballon, où, jusqu'en 1845, elle occupa la place de la Vierge brisée en 1793.

Dans l'angle s'ouvre la porte de *la Tour*, élevée sur la chapelle même, en 1839. Pour y monter, demander la clef au sacristain. On y voit trois belles cloches, bénites le 9 Mai 1837. — Au-dessus, arrivé sur la vaste plate-forme, le visiteur est émerveillé. Un immense horizon absolument complet, l'entoure. Sans changer de place, sans qu'aucun obstacle s'y oppose, il peut à perte de vue plonger son regard dans toutes les directions. De cet observatoire, unique peut-être en son genre, qu'il étudie, s'il en a le temps, tout le Nord de la Sarthe et une partie de l'Orne : il reconnaîtra beaucoup de localités.

Avant de descendre, qu'il regarde aussi au-dessus de sa tête, ou mieux qu'il monte jusque dans la lanterne : il admirera une des plus étonnantes charpentes que l'on connaisse, agencée par Auguste Lhorite, natif de Ballon, 27 Janvier 1773, l'exterminateur des renards dit *La Ruine*, Compagnon passant. »

En sortant de l'Eglise, on laisse à droite, à l'entrée de la *route neuve* ou tertre adouci, la *Mairie* avec la

Justice de paix, et au-dessous la *Prison* et le *Corps de garde*, qui sert d'abri à une *pompe à incendie* et à un *canon* dont les Ballonnais se font gloire dans leurs fêtes et qu'ils ont tiré eux-mêmes sur les Prussiens, en 1871. Le monument, ancien presbytère, est d'ailleurs très simple.

Vingt mètres plus bas, du nouveau *Presbytère*, bâti en 1845, belle vue sur une gracieuse vallée vers Mézières et St-Aignan. Dans le jardin, près d'un *rocher de Lourdes*, belle collection d'*ammonites*, ou chenilles gigantesques, fossiles de $0^m 30$ à 40 de diamètre, recueillies dans les environs, principalement de Teillé.

En face est la *nouvelle Providence*, ou école libre avec pensionnat dirigé par les Sœurs d'Evron, fondée lors de la laïcisation, en 1896, par M. le chanoine Boulay, curé-doyen.

Avant de quitter la place des Halles, passez devant l'Hôtel des Trois-Marchands. Là, voyez un *puits public* de 100 pieds de profondeur, et jugez pourquoi les Ballonnais ménagent l'eau, d'ailleurs très calcaire, de leurs puits, parmi lesquels ceux de l'Hôpital, du Grenier-à-Sel et surtout du Château sont les plus remarquables. Pour la cuisine et les lavages, on recueille l'eau des toits dans des tonneaux ou des récipients de zinc.

Hôpital.

La rue à gauche mène à l'HOPITAL, fondé au IXe siècle à gauche de cette rue. Longtemps très pauvre, il fut rebâti au même lieu et doté de fermes (1690) et même d'une bibliothèque estimée 7.000 livres, par « haute et puissante Dame Anthoinette Raffin Pothon, dame de Ballon, femme de Messire Guy de Lusignan de St-Gelays, seigneur de Lausac ». Dans la chapelle donnant sur la Grande-Rue (V.p. 13), l'aumônier instruisait les pauvres et célébrait la Messe le mercredi, à 4 heures en été, à 7 heures, en hiver, pour la commodité des marchands. La Maladrerie (V.p. 11) avec ses biens fut réunie à l'hôpital en 1697. Tout fut brûlé en 1705 (V. p. 5). La Messe fut dite dans une chambre haute, encore appelée « La Chapelle », et les malades logés en des bâtiment très exigus encore existants, jusqu'à ce que Etienne des Patis, bailly, et Mathurin Paulmier, curé (1717-1735), surnommé *le Vincent-de-Paul de Ballon*, eurent de concert reconstruit et réorganisé l'hôpital actuel, à droite de la rue (1).

Un imposant portail y donne accès. Sonnez : une pensionnaire vous ouvre ; une Sœur d'Evron vous reçoit gracieusement. La cour d'honneur se présente bien. Au milieu de la façade se détache un beau *cénotaphe de M*ᵐᵉ *de Lansac*. La noble bienfaitrice est couchée, abritée sous un élégant auvan. Cette statue, autrefois debout, près de la Maladrerie (V. p. 11), fut placée ici en 1853.

A gauche du cénotaphe, en face de l'ancienne *aumônerie*, s'ouvre *la Chapelle*, très coquette, dédiée à St Jean-Baptiste (la Décollation), bénite par Mgr Nanquette en 1860. Deux portes s'ouvrant à droite, la première sur la salle des hommes, la deuxième sur celle des femmes, permettent aux malades d'assister à la Messe de leur lit. La Chapelle bénite en 1712, est devenue la partie de ces salles voisine du sanctuaire. Un grand portrait de M. l'abbé Huard, bienfaiteur, domine ces salles ; celui du général Coutard orne la salle des délibérations (2).

Les jardins méritent une visite, surtout *la terrasse* de derrière, à pic sur la vallée. Des réfectoires, construits en 1893, l'ont malheureusement rétrécie. Après un coup

---

(1) L'hôpital, en 1789, possédait 2.964 livres de rentes. La Révolution lui en a fait perdre une partie. Ses revenus sont remontés à environ 13.000 fr. Il y a 28 lits, donnés par le général Coutard ; un appartient à Teillé. St-Mars avait, jadis, droit à cinq lits ; ce droit a été racheté, en 1837, pour 57.000 fr. ou une rente de 2.500 fr.

(2) Un autre portrait du général, jeune, donné au chanoine Dubois du Mans, est maintenant au presbytère de Ballon. — La cloche (Constance-Jeanne) due à M. le Préfet Montois et nommée par Mᵐᵉ la Préfète et M. Ducléré, a été bénite avec la Chapelle le 3 Octobre 1860. Le *Chemin de Croix* a été érigé par Mgr Fillion, le 26 Juin 1862.

d'œil au grand *escalier* et au *puits*, il ne reste plus rien
à voir.

Le Château.

Retournons en face de l'Église; prenons la *rue du
Grenier-à-sel*. Toutes les maisons, à gauche, nous offri-
raient une vue semblable à celle de l'hôpital. Bientôt,
après l'auberge de la *Bique-Rouge*, à droite, nous arri-
vons *rue du Château*. Au bas, à droite, attenant à la
Bique-Rouge était le *Grenier-à-sel*, dont relevaient 24
paroisses.

Au haut, voici le Château, avec sa barrière un peu
primitive. La famille de Mailly (qui l'a reçu par alliance
de la famille du chancelier de Maupou), propriétaire du
lieu, laisse libre l'entrée de l'esplanade. Cette cour est
la promenade favorite des Ballonnais. Là, se tenaient les
fêtes, les revues militaires, les tirs, avant le don de la
place Coutard. Là se portent tous les visiteurs, attirés à
Ballon principalement par ce vieux castel. C'est là
qu'eut lieu, le *Jeudi fou*, 23 Juillet 1789, la terrible
émeute de 22 paroisses en armes qui massacrèrent
MM. Cureau et de Montesson (1). M. Cureau, massacré
dans la douve, près du pont levis de la forteresse,
en fut retiré et achevé près du Grenier-à-sel; M. de Montesson, sur sa demande, fut fusillé à genoux au milieu
de la cour. (V. *l'An 1789 dans le Maine*, par R. Triger,
c. viii).

Les deux têtes, recueillies dans le tablier d'une femme,
furent toute la soirée promenées dans les rues au bout
d'une fourche; l'une fut retrouvée le lendemain dans un

____

(1) Il y eut à Ballon, ce jour là, 6 ou 8000 hommes armés de faulx, de
fourches, etc., ameutés par le bruit répandu partout que des *brigands*
arrivaient de Mamers, mettant tout à feu et à sang. Ce fut le premier ré-
sultat de ces mots d'ordre mystérieux, habilement semés de temps en
temps par la Franc-maçonnerie, avec des circonstances partout les mêmes
mais localisées. Les absurdités répandues à Ballon, comme ailleurs,
en 1870 et dans ces dernières années, pour diviser les Français, n'ont pas
d'autre origine.

ruisseau, rue de l'hôpital, l'autre perdue. Les Ballonnais ne furent pour rien dans ce massacre.

Les ruines, bien conservées, frappent d'abord le regard. Que d'évènements accomplis autour de ces vieux murs ! Que de sang versé dans ces larges fossés ! Mais vous n'avez pas le temps d'y penser : vos yeux sont irrésistiblement attirés à gauche par la vue qui s'y déroule.

A mesure qu'on s'avance, il semble que la vallée se creuse et qu'on va y tomber à pic. En effet, de la pointe du promontoire, la *Rue-d'Orne* paraît à vos pieds, et le panorama déjà vu ailleurs prend un aspect tout nouveau. — C'est de là que le canon annonce les fêtes avec un retentissement prolongé inimaginable.

Faites le tour de l'*enceinte*; la vue varie à chaque pas, et vous vous rendez compte de ce qu'était la forteresse. Ces *douves* ou fossés profonds, maintenant à moitié comblés, rendaient l'accès impossible. L'assaillant qu'avaient épargné les projectiles lancés par les *meurtrières*, encore visibles, recevait les matières enflammées qui tombaient des *machicoulis*.

La grande tour ou *donjon* seule reste debout. Construite en grand appareil de grès, à quatre étages, avec fenêtres carrées divisées par des croix de pierre, elle a la forme d'un talon arrondi vers l'extérieur. Un toit en ardoise la modernise un peu ; au sud des arrachements, des portes et des corbeaux indiquent une construction de même hauteur qui a disparu au XVIII° siècle.

Deux tourelles flanquent encore cette construction principale. Trois autres ont disparu en 1794; l'une attenante au donjon, et deux dont on remarque encore les bases dans le pourtour de l'enceinte.

Les *deux autres tours* ont été découronnées en 1794 (V. p. 6). L'une était la poudrière, dit-on ; l'autre, *ancienne porte d'entrée*, est la plus remarquable. La *poterne*, les meurtrières et l'emplacement du *pont-levis* sont bien conservés. A l'intérieur, belles voûtes au-dessus desquelles croît à l'aise un bosquet. (V. la gravure, p. 1).

L'ensemble de toutes ces constructions est du xvᵉ et du xv1ᵉ siècle.

L'entrée actuelle, près et à droite de la grande tour, à été percée, il y a cent ans, dans un pan de mur moderne, à la place de la *chapelle* décédé à la Sᵗᵉ Trinité, inté-

Grande tour, vue du Midi.

rieure, bâtie avec le château, et abattue à la mort de Mᵐᵉ de Lansac.

La tour est habitée par un fermier. S'adresser à lui pour visiter et se procurer des vues.

A l'intérieur, à droite de l'entrée, on voit le point de

départ de l'enceinte; les murs, un peu dégradés, ont deux mètres d'épaisseur. On peut se promener dessus.

Au-dessus de l'entrée du donjon on remarque les vestiges d'un *moucharabi* ou grand machicoulis très saillant défendant l'accès du perron.

En entrant dans la tour, jetez un regard, à gauche, sur la *cuisine* (fenêtres, solives, cheminée, carrelage.) Une cloison moderne la défigure.

L'escalier a soixante-deux marches, en colimaçon, d'une montée facile. C'est sur ces marches que furent d'abord piétinées les victimes du 23 Juillet 1789. Leur interrogatoire eut lieu dans la grande chambre du premier étage.

A tous les étages on retrouve la même division qu'à la cuisine : une grande pièce sur le devant, et à l'arrière, dans le grand ceintre, une moins vaste où se remarque l'épaisseur des murs. Le carrelage, les cheminées et les solives sont à examiner.

Au 2ᵉ, la pièce voûtée, dans la tourelle, était le chartrier et le trésor. A la voûte, un écusson. La porte est encore bardée de fer.

Au 3ᵉ se trouve au Nord, la *fenêtre d'Henri IV*. Le bon roi coucha à cet étage en 1598.

La porte du 4ᵉ étage ouvre sur le *tour-de-ronde* établi sur les machicoulis. (Ne pas se pencher trop hardiment au dehors : il y aurait danger). D'innombrables inscriptions témoignent des nombreux visiteurs illustres ou désirant l'être, qui se sont élevés jusque-là. L'attention les néglige, captivée par le splendide panorama qui se déroule, non plus tout d'un coup comme du clocher, car, à mesure qu'on s'avance dans le tour-de-ronde, le regard se promène sur des perspectives nouvelles toutes plus riantes les unes que les autres. On dirait que la montagne a disparu et que l'immense plaine s'étend jusqu'au pied de la Tour.

On se rend compte du prix que durent attacher à cette position les conquérants successifs qui prétendaient de là dominer les Saonnois.

Avec une longue-vue, plus commodément que du clocher, vous pouvez explorer les environs au Nord et à l'Ouest.

Château, vue du Nord.

En redescendant, regardez par la fenêtre du 4° étage, à l'Est, et rendez-vous compte du plan de la citadelle.

En bas, visitez au fond de l'enclos, la *poudrière*, transformée en étable : au milieu, le *puits*, le plus profond de la Ville. Les habitants disent qu'une cane ou une oie jetée dans ce puits se retrouve le lendemain dans l'Orne. On peut essayer.

Autour de cette cour intérieure, à l'appui des murailles, s'élevaient les bâtiments d'habitation de la garnison, les servitudes, etc.

Dans les caves on remarque l'entrée de plusieurs souterrains, dont l'un correspond avec la cave de la Tête-Noire, et qui se prolonge, dit-on, sous toute la ville. Le fait est que, sous divers points, des affaissements de terrain ont révélé des excavations qui se dirigent vers le château. Mais aucun de ces souterrains n'a été exploré. Plusieurs paraissent être des carrières abandonnées. A certaines époques, on a, en effet, extrait de belles pierres de Ballon.

Tertre, Rue-d'Orne, St-Ouen.

En quittant le Château, si vous disposez d'une heure, descendez à la *Rue-d'Orne*. Tout au moins, descendez le *Vieux Tertre*, à droite. Voici d'abord, à gauche, l'ancienne auberge du *Plat d'étain* à laquelle était attenante la *Porte d'Orne* de la ville. Au delà, on retrouve le *chemin de ronde* extérieur des *Galardons* ; à droite, un peu au-dessous, monte l'escalier de la *Poterne* ou ancienne porte dérobée de la citadelle. Au pignon d'une maison, au-dessus d'une petite Madone antique se lit cette souscription :

IHS
SI L'AMOUR DE MARIE
EN TON CŒUR EST GRAVÉ
EN PASSANT NETOUBLIE
DE LUY DIRE UN AVE
1684

Plus bas, à droite, sont les curieuses *Maisons de terre*. Les Seigneurs de Ballon ont permis aux pauvres de se creuser ces habitations sous leur château. Il y avait là toute une tribu de *troglodytes*, vivant sous leur protection. En cas de guerre, ils entraient dans la citadelle. Ce fut surtout à la suite de l'incendie de 1705 que les familles restées sans asile furent heureuses de mettre à profit cette ressource.

Mais depuis que le château est une promenade publique ces foyers souterrains ne sont pas sans inconvénient. Les anciens habitants racontent encore les avanies qu'ont parfois apportées aux ménagères les cheminées, ouvertes à fleur de terre. Aussi deux maisons seulement restent encore habitées. Les autres s'en vont en ruines.

Au bas du Tertre, près de la *Geslanderie*, se dresse un beau calvaire avec groupe de statues, érigé à la suite d'une mission de Capucins, le lundi de Pâques, 26 Mars 1894. La Ste Vierge, la Madeleine et St Jean sont d'une expression frappante. On remarque sur le sol une bordure curieuse formée par des ammonites fossiles semblable à celles du presbytère. (V. p. 16).

Le faubourg de la *Rue-d'Orne* n'offre en lui-même rien de remarquable. On peut y louer des bateaux un peu lourds, nommés *chalons*, que l'on conduit à la perche.

Après le village, la route se déroule entre des allées de peupliers et d'osiers qui forment un gracieux paysage.

Ces belles allées avaient été détruites en 1872. Les arbres, coupés à 2 m. de terre, obstruèrent la route pendant deux mois, reliés entre eux par des fils de fer. Le Comité local de défense espérait ainsi arrêter, d'abord la mystérieuse voiture du Pape et d'Henri V, ensuite les Prussiens !

L'Orne se divise en une infinité de canaux ou *boiles* qu'on longe ou qu'on traverse sur quatre ponts successifs, et qui répandent partout la fraîcheur, Là, plus de vues immenses, mais la solitude au-dessus de laquelle toujours se dresse en arrière le vieux donjon.

Parmi ces belles prairies, l'une très étendue, à 200 mètres à gauche, reste encore sous le régime des *communes*, du moins une partie de l'année. De l'*Angevine* à Noël, les bestiaux paissent en commun, chaque propriétaire ayant droit d'y mettre un cheval ou deux vaches par hommée.

A droite de la route sont établis les *rouissons* ou *routoirs*. En septembre et octobre, il y a là des kilomètres de *tuilées* de chanvre fort odorantes et mortelles pour le poisson, autrefois abondant, mais inoffensives pour l'homme.

Au delà des ponts, la route se divise en trois directions: en face Mamers, Marolles et Lucé ; à droite, Congé-sur-Orne ; à gauche Beaumont. Sur la route de Beaumont, à gauche, on aperçoit, dans les prairies, le beau moulin de Chassé.

La maison entourée de douves, près de la route, est l'ancien presbytère de *St-Ouen-des-Ponts* ou *St-Ouen-sous-Ballon*, construit par le dernier curé, à ses frais, en 1789, et vendu nationalement en 1794. St-Ouen était une petite paroisse de 239 hab., détruite par la Révolution, et le lieu d'un pèlerinage très suivi à St Etienne que l'on y invoquait contre la peur. Elle a subsisté comme commune, jusqu'en 1810.

On dit que le maire, M. Trahan-Aubry, la vendit à Ballon, un jour de bonne humeur, et qu'il la livra en apportant les archives dans un panier. St-Ouen n'avait pas de bourg ; on arrivait par des chemins *messiers* à l'église qui était près de la ferme de *La Terre* (chemin à gauche à 250 m. du moulin). Une Croix indique où elle se trouvait, entourée de son cimetière. La *Vierge noire*, belle statue antique de cette église, est conservée dans la famille du dernier sacriste, M. Chauvin.

Pour revenir en ville, prendre au Calvaire le nouveau tertre adouci. A mesure que l'on monte en tournant, la vue s'étend et varie. A 200 mètres de l'église voici la maison qui remplace celle de M. A. Tremblaye, mathématicien renommé. A gauche un réservoir contre les incendies. Étant administratif, il est naturellement sans eau et loin de tout danger du feu.

La grande cheminée qui se dresse à gauche, vers St-Mars, est celle de la Fuye (V. p. 26). En bas voici la *Baratterie ;* plus loin, vers Mézières, *la Trappe* (V. p. 30).

Visite de Saint-Mars.

Pour aller à St-Mars, de la Tête-Noire, prenez la rue *du Marchis*, à gauche ; vous longez les derrières de l'*Hôtel des Murs* (gendarmerie). Une petite rue conduit à la ferme de *La Fuye*. C'était, paraît-il, une très ancienne Communauté de religieuses, détruite depuis plusieurs siècles. Dans la grange, une arcade XIII° siècle et trois portes maçonnées, accusent une chapelle.

A l'entrée de la cour, un étroit sentier creux, conduit à *la Trappe*. C'est par ce sentier presque inconnu, même des indigènes, que les quatre premiers éclaireurs prussiens, en décembre 1870, pendant le marché, ont surpris Ballon.

Revenant à la route, vous avez, à gauche, le cimetière établi en 1835 dans le champ de *Moncamin*, dont le nom rappelle une légende mystérieuse ; à droite, l'école et le Champ-de-foire. Bientôt, arrivé à la *Croix-de-Pierre*, le point le plus élevé du pays, vous entrez sur St-Mars.

Distance entre les deux agglomérations : 400 mètres.

La deuxième maison, à gauche, appartenait à la famille Beunaiche de la Corbière, célèbre sous Louis XIV.

Plus loin, on remarque encore quelques vieilles maisons à fenêtres en croix avec sculptures aux jambages.

L'Eglise est un vaste et beau monument gothique dans lequel célébraient leurs offices les Bénédictins du *Prieuré* contigu, à gauche, fondé en 1093 et vendu en 1790. — Le *portail* est orné, de chaque côté, de trois élégantes colonnettes avec chapiteaux ornés de feuilles à crochets, supportant chacun un tore en ogive et en retrait pour former la voussure.

Tout l'édifice a été restauré depuis 1844, par MM. Aubry et Parent, curés.

La *nef* et les transepts sont entièrement voûtés en pierre ; les nervures sont prismatiques. Il n'y a qu'un *bas-côté,* voûté aussi depuis 1847. Le *chœur,* à chevet droit, avec ses arceaux à nervures toriques qui renforcent sa voûte élancée, ses six croisées géminées et tréflées, avec les légères colonnettes qui les accompagnent, leur forme étroite, allongée et presque à lancettes, accuse la belle période de l'architecture ogivale (commencement du XIII° siècle).

Le *transept* paraît du même jet. Formant avec le chœur et la nef une belle croix latine, il a cette régularité et cette majesté qui caractérisent l'ordre de St-Benoît. On remarque partout, aux angles, des colonnettes avec bases imitées de l'attique, et chapiteaux à feuilles larges et peu saillantes. La fenêtre du transept Nord, avant 1844, différait de celle du Midi, à cause du prieuré qui y adhérait. Les moines entraient au chœur par une petite porte latérale, encore visible.

Dans la chapelle de la Ste Vierge était autrefois une remarquable tombe de Pierre de Thouars, insigne bienfaiteur. Cette pierre servit d'autel quelques années. Elle est au musée du Mans depuis 1852. On y voit, artistement gravé, un chevalier couché, ayant à ses pieds un casque et un chien, et une belle inscription.

De belles *verrières* modernes ornent les fenêtres. Une curieuse inscription, incrustée dans le mur à droite, révèle qu'il y en a eu de très anciennes.

Les *fenêtres du chevet* furent masquées, en 1698, par un rétable, cédé à l'église de Degré, en 1843. Le tabernacle ayant été été brisé en 1794, fut remplacé par celui de l'ancienne Visitation du Mans, rendu au nouveau monastère en 1844, quand le sculpteur Lusson posa l'autel actuel, en pierre de Tonnerre, avec son Tabernacle dont la porte figure le portail de l'église (architecte Tournesac). Un conopée antique très remarquable recouvre ce tabernacle aux grandes solennités.

Dans l'ancienne *chapelle matutinale* ou *du Temple* à gauche, un rétable de pierre corinthien sert de cadre à une gracieuse *Mise au tombeau* de la Vierge, en terre cuite, du temps d'Henri IV. La Vierge repose sur un lit funèbre ; la mort qui approche n'a rien enlevé à la noblesse de ses traits. Les Apôtres, en statues séparées, s'empressent autour d'elle ; saint Pierre va lui donner l'Onction.

Le *grand Christ* fut soustrait aux profanations, en 1793, par M. Cabaret, et, en 1802, replacé en grande pompe à l'arc triomphal. Il est aujourd'hui en face la chaire.

A remarquer encore vingt-huit belles *stalles*, style de l'église, faites par Brice Fouqué, de Ballon, en 1847, deux vieilles crédences en bois sculpté, à droite et à gauche de l'autel, et une statue en bois du XIVe siècle.

L'*horloge* des anciens Moines, posée dans la chapelle St-Jacques, en 1788, par Végéas, de Savigné, transportée au bas de l'église par Gourdin, en 1844, est aujourd'hui dans le clocher.

En sortant de l'église, on remarquait naguère, dehors, entre la nef et le prieuré, de beaux *sarcophages* en roussard, découverts dans ce lieu, *ancien cimetière* des Moines. On les a utilisés comme pierre de construction ! — Le prieuré, réduit à un rez-de-chaussée modernisé, offre peu d'intérêt. Il borde le chemin qui conduit, cinquante pas plus loin, à gauche, au fond d'une cour, au *vicariat*, donné avec certains revenus, en 1688, pour y établir un collège de garçons sous la direction du vicaire, par l'abbé André Valiquet. Ce prêtre, né en 1624, à St-Mars, où il fut vicaire et instituteur de 1648 à 1700, donna aussi (300 mètres plus loin) le lieu de *Moulins* pour une école dont les maîtresses, laïques ou religieuses, doivent être examinées et nommées par l'Evêque. La commune possède ces biens sans en remplir les conditions depuis la laïcisation (1894). Des laïques tinrent d'abord cette école ; depuis 1732, cinq supérieures seulement se sont succédées ; les deux Sœurs chassées en 1792, puis rappelées en 1802, ne retrouvèrent de tout leur mobilier que l'horloge gardée jusqu'à nos jours, comme une relique. De 1806 à 1844 y vécut la célèbre Sœur Monsallier, vénérée dans toute la région et récompensée par l'Etat pour son dévouement remarquable aux enfants et aux malades. Ce fut elle qui popularisa le vaccin dans le pays. L'avant-dernière Supérieure fut la Sr Lefaucheux, sœur du célèbre inventeur des fusils qui portent son nom.

Excursions.

Le voyageur, s'il dispose de quelque temps, peut se livrer, autour de Ballon, à d'agréables excursions. *Souligné* (4 kil. V. p. 10), *Teillé* (4 kil.), *Lucé* (3 kil. 1/2), *Nouans* (6 kil.), *Congé* (3 kil.), *Mézières* (6 kil.), sont intéressants à visiter. *Montbizot* (6 kil.) avec son église restaurée, ses deux châteaux de *Maulny* et du *Tertre* (voisin de la gare); *Ste-Jammes*, avec son importante forge d'*Antoigné*, ne le sont pas moins, et le tramway y conduit (1re cl. 0 fr. 20; 2e cl. 0 fr. 10, de la gare).

Sans sortir de Ballon et St-Mars, le pèlerin aimera à visiter les lieux où se trouvaient le monastère et pèlerinage de *St Etienne* (6 kil.) sur la limite de Beaufay. — *N.-D. des Champs* ou chapelle des *Essard*, sur la route de Courcebœufs (1 kil.), détruite en 1794. C'était une des plus vastes chapelles du pays, appelée aussi *des Trois-Marie*, à cause de ses trois autels de la Vierge. Elle était bâtie en forme de Croix latine, là où l'on voit maintenant une Croix sur le bord du chemin, en face d'une haute maison, ancien presbytère. Ce sanctuaire était en grande vénération dans tout le pays depuis le XIVe siècle au moins (V. p. 15).

L'archéologue peut encore visiter *Thouars* (2 kil.), antique manoir sur un bras de l'Orne, dont la chapelle, du XIIe siècle, sert d'écurie. Elle présente, du côté de la rivière, des fenêtres semi-ogivales, étroites et allongées. De 1550 à 1560, elle devint le prêche des Huguenots. — Le *Hameau* (V. p. 11). — La *Trappe*, fondée au xiie siècle, fut monastère jusqu'au xiiie. La grange conserve sa porte à ceintre semi-ogival ; au-dessus, deux fenêtres, géminées à plein ceintre, surmontées d'une arcade semi-ogivale ; au sommet du pignon, lancette ;

La Trappe. — Portail de la grange actuelle.

au Nord, croisée en plein ceintre, assez grande, rétrécie en lancette à l'intérieur, ce qui lui donne l'apparence d'une chapelle. — La *Villetolé* (1 kil.), ancien couvent, sans traces. — L'*Hopitau* (1 kil., N.), ancienne commanderie de St-Michel du Temple, puis de religieux hospitaliers de St-Jean de Jérusalem. — *Baigneux* (2 kil. 1/2). — La *Chabossière* (2 kil.), propriété de M. de Guibert, commandant de la garde nationale de Ballon, qui essaya vainement de sauver MM. Cureau et de Montesson, le 23 juillet 1789. — *Sourdon* (3 kil.), etc.

Le simple promeneur se dirigera vers les ponts et les prairies de l'Orne où il pourra s'embarquer sur la rivière (V. p. 24), ou bien par *les Tuileries* et le chemin poétique de l'*Anerie* et de la *Cave-Pichon*, en suivant, vers Souligné, le versant Ouest de la colline, d'où les vues sont variées et très belles. — On peut, de là, regagner le tramway par la *Corne* et l'*Ouche* vers Courvarin.

Le Mans. —Impr. Clément ROULIER, 5, rue de la Barillerie.

MAISON DE SANTÉ

Dirigée par les Sœurs de l'Enfant-Jésus

32, Rue de Ballon. — LE MANS

Médecine ordinaire, grande chirurgie antiseptique, Massage, Electricité.

Les Pratriciens les plus justement renommés opèrent dans l'Etablissement.

Pension **15** fr. par jour en 1ʳᵉ classe ; **8** fr. en 2ᵉ ; **5** fr. en 3ᵉ (chauffage, éclairage à la lumière électrique, remèdes pansements et soins de toute nature, compris).

HYDROTHÉRAPIE

Installation complète. — Appareils perfectionnés offrant, pour le traitement des pensionnaires ou des personnes logeant en ville, les mêmes ressources que les Villes d'eaux.

Bains froids ou chauds, simples ou médicamenteux. — Saison de bains artificiels (sulfureux, alcalins, amido-alcalins, salins, mercureils, chlorurés, gélatineux) — Bains de vapeur ou d'air chaud, aromatisés ou non, etc.

Douches locales ou générales, froides, tièdes ou chaudes, en pluie, en colonnes ou en cercle.

Bain ou douche simple : 1 fr. (linge compris); — par abonnement, 0 fr. 75. — Gratis une fois par jour pour les pensionnaires des 3 classes.

A SAINT ANTOINE DE PADOUE

MAISON DE SPÉCIALITÉ

Mlle Pascaline COLLET

21, Rue du Bourg-d'Anguy

LE MANS

HUILES D'OLIVE ET D'ŒILLETTE

COGNAC — LIQUEURS

CAFÉ, THÉ, PATES ALIMENTAIRES

CHAPPÉE ET FILS

FONDEURS-CONSTRUCTEURS

LE MANS

MOTEUR DOMESTIQUE

GAZ

Système
CHAPPÉE-BALBI
Breveté S. G. D. G.

PÉTROLE

SIMPLICITÉ

ÉLÉGANCE

Solidité

Économie

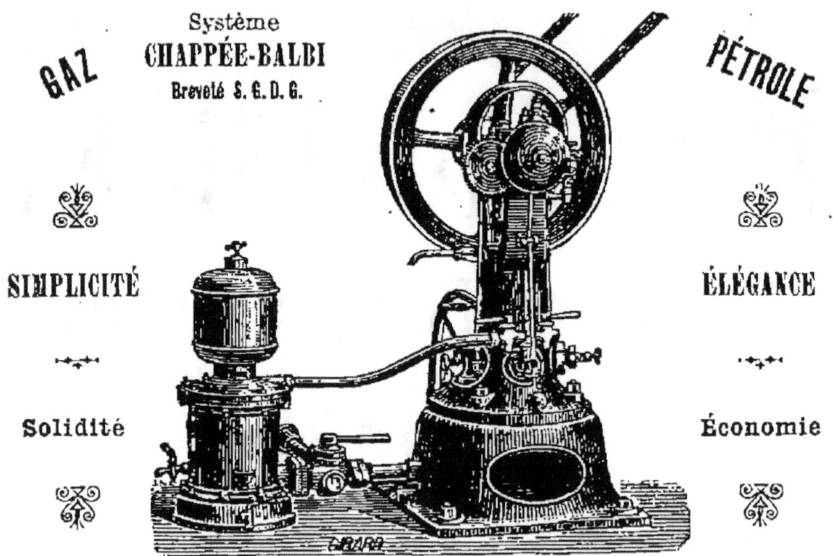

CANALISATIONS DE VILLES

en tuyaux de tous systèmes

Le plus grand choix d'appareils pour distributions d'eau

Robinets-vannes — Bornes-fontaines — Trappes de regards — Bouches
d'arrosage et d'incendie — etc...

FONTES MOULÉES DIVERSES POUR LE COMMERCE

Buanderies en 2 pièces, système Chappée et Fils, brevetéés S. G. D. G. —
Pompes — Colonnes — Grilles d'égoûts et de foyers — Plaques diverses —
Gargouilles et Cauiveaux — Bancs — Drains pour écuries — Escaliers en
fonte — Poteries diverses brutes et émaillées — Roues — Volants —
Poulies — Fers à repasser — etc... etc...

CHAUFFAGE ET FUMISTERIE

Tuyaux — Poëles et Cheminées — Fourneaux — Cuisinières

MATÉRIEL DE CHEMINS DE FER ET D'ENTREPRENEURS

Plaques tournantes — Grues — Changements et croisements de voies —
Coussinets — Signaux — Poteaux — Vis de fondations

. APPAREILS COMPLETS POUR USINES A GAZ

Intérieurs d'usines — Canalisations

Ateliers de Constructions

ÉTABLISSEMENT POUR L'ÉLEVAGE DES CHIENS

CAMILLE

**Membre de la Société Protectrice
des Animaux**

(Au Breil) SAINT-PAVACE, Près Le Mans

SPÉCIALITÉ DE CHIENS DE TOUTES RACES

ET DESTINÉS AUX CHASSES

CHOIX DE CHIENS DE GARDE ET D'AGRÉMENT

DRESSAGE & PENSION

IMPRIMERIE TYPOGRAPHIQUE & LITHOGRAPHIQUE

Travaux de Luxe & de Commerce

PAPETERIE — ARTICLES DE BUREAUX & RELIGIEUX — RELIURE

CLÉMENT ROULIER

5, Rue de la Barillerie — LE MANS

VOLUMES, BROCHURES, REGISTRES

CARTES DE VISITE à la Minute — *LETTRES DE DÉCÈS en 2 heures*

LA MAISON DEMANDE DES REPRÉSENTANTS

9 782013 403467